Tiempo para Dios

Meditaciones para el tiempo de Pascua

P. J. Eduardo González

LIBROS LIGUORI

Imprimi Potest:
Stephen T. Rehrauer, CSsR, Provincial
Provincia de Denver, Los Redentoristas

Publicado por Libros Liguori Liguori,
Missouri 63057

Pedidos al 800–325–9521
www.librosliguori.org

pISBN 978–0–7648–2390–9
eISBN 978–0–7648–6993–8

Libros Liguori, una corporación sin fines de lucro, es un apostolado de
los Padres y Hermanos Redentoristas. Para m ás información, visite
Redemptorists.com.

Impreso en Estados Unidos de América
19 18 17 16 15 / 5 4 3 2 1

Primera edición

Contenido

Introducción

No podemos negar que hemos llegado a la puerta del sepulcro… todos sucios, revestidos de miedos, de incertidumbres, de adicciones a lo que sólo nos gusta hacer y pensar, saturados con nuestros pensamientos mezquinos con olor a muerte; pero al fin amados y abrazados por la misericordia de Dios que nos abre los ojos. Nos damos cuenta que nos habíamos perdido en el terreno de la muerte y descubrimos que la tumba está vacía. Nos percatamos que hace mucho tiempo que buscamos al Señor en el lugar equivocado, o peor aún, lo hemos anunciado como si estuviera solamente esculpido o pintado, inerte… muerto. Son las voces de los que menos esperamos las que nos recuerdan que Jesús ya no está entre los muertos. Este hombre de Nazaret nos vuelve a sorprender. Se nos aparece radiante y discreto bajo otra piel y nos permite recuperar la memoria revelada en las Escrituras; nos recuerda que hemos sido creados por el Dios de la vida y que la muerte está muerta. Nos recuerda que estamos llamados a gritar por los bares, las barriadas, los centros comerciales, los hospitales, en nuestras casas, que el sepulcro está vacío. Que en Jesús, Dios nos vuelve a recrear con su misericordia, para imprimir este mismo toque de vida en todo lo que hagamos, en la forma como vivimos, en la forma como nos reconciliamos, en la forma como vamos tocando otras vidas con su ternura y así ser capaces de ir tejiendo cada día de nuestras vidas; dejando que la mañana de la resurrección nos haga estrenar una historia nueva, que haga de nuestro tiempo un tiempo para Dios.

Pascua

Domingo de Resurrección

Hch 10:34a, 37–43
Sal 118:1–2, 16–17, 22–23
Col 3:1–4/ 1 Cor 5: 6b–8
Jn 20: 1–9

"Entonces entró también el otro discípulo, el que había llegado el primero al sepulcro; vio y creyó, pues hasta entonces no habían comprendido que según la Escritura Jesús debía resucitar de entre los muertos".

JN 20:8–9

Reflexión: La experiencia de la resurrección de Jesús nos despierta y nos deja claro que creer en Dios implica abandonar nuestros prejuicios, opiniones personales, creencias obsoletas y abrir las puertas de nuestro asombro para permitir que él nos revele su voluntad, una voluntad siempre sorprendente. ¿Cómo iba a imaginar el pueblo de Israel que el Mesías nos iluminaría el corazón y el entendimiento así, con un sepulcro vacío? Esto parece simple, pero es estremecedor: la misma muerte fue vencida. ¿Cómo seguir creyendo sin atrevernos a salir de nuestros propios sepulcros, donde nuestras ideas fijas, prejuicios, resentimientos "ya huelen mal"? Jesús nos reta tierna, pero enérgicamente, a salir y estrenar una vida nueva, donde él se nos vuelva a mostrar de la manera que menos sospechamos, como aquella mañana en que volvimos a estrenar la creación.

Propósito: Haré un esfuerzo para despedirme de mis peores resentimientos.

Oración: Señor, ábreme los ojos y el corazón para descubrirte fuera: en nuestras calles, en nuestras plazas, en nuestras casas, jamás encerrado, jamás lejano. Que te vea vivo e invitándonos a volver a empezar. Amén.

Pregúntate: ¿Vale la pena seguir encerrado en la amargura apuntando a la culpa de los demás?

Primera semana de Pascua

LUNES

————

Hch 2:14.22–33
Sal 15
Mt 28:8–15

"Dios le resucitó librándolo de los lazos del Abismo, pues no era posible que lo retuviera bajo su dominio".

Hch 2:24

Reflexión: Jesús es el camino, la verdad y la vida. No obstante, el sorprendente amor de Dios busca padecer la muerte para devolver a la vida su único e ilimitado poder. La muerte perdió el poder. La nueva identidad que Dios nos da en el Bautismo nos transforma en personas para la vida, porque ahora somos hijos de Dios. Estamos equipados maravillosamente para ser instrumentos al servicio de la vida. Sin embargo, el Señor resucitado espera nuestra respuesta. Si preferimos seguir coqueteando con la muerte, comprando boletos baratos a cambio de comodidad y placeres pasajeros, le habremos devuelto el poder a la muerte, con el peligro de que perdamos nuestra identidad y el regalo precioso de la vida misma, comprado a precio de sangre.

Propósito: Cualquier palabra que diga será para estimular la vida en mí y en las personas con las que convivo cada día.

Oración: Señor, que no me acostumbre a la oscuridad de la tumba. Gracias por compartir conmigo el don de la vida, a pesar de que la memoria me traicione y accidentalmente tienda a regresar al cementerio. Revísteme con tu luz. Amén.

Pregúntate: ¿Qué es lo que realmente me hace sentir que la vida vale la pena?

MARTES

————

Hch 2:36–41
Sal 32
Jn 20:11–18

"Estaba María junto al sepulcro fuera llorando. Y mientras lloraba se inclinó hacia el sepulcro, y ve los ángeles de blanco, sentados donde había estado el cuerpo de Jesús, uno a la cabecera y otro a los pies".

JN 20:11–18

Reflexión: La amistad con Jesús no nos dispensa del dolor. Es interesante cómo las lágrimas de María, justo ahí, en el lugar de los muertos, no le permiten ver más allá. Cuando dejamos que el dolor de la tragedia o de la muerte nos aprisione, nuestra mirada se queda atrapada en nuestros sepulcros, incapaces de descubrir que en medio de la oscuridad y de la incertidumbre, es cuando Jesús aparece. Igual que en la tormenta del Lago de Galilea, pero ahora en el lugar de los muertos, Jesús nos vuelve a decir: "No tengas miedo, soy yo, estoy vivo, estoy contigo". No nos queda otra mejor opción que salir a toda prisa, y ¡gritar la buena noticia!

Propósito: En cada momento en que las cosas no salgan como deseo, voy a imaginar la voz de Jesús que me dice: *"No tengas miedo, soy yo"*.

Oración: Dios todopoderoso y sorprendente, gracias por mostrarme cada día que los sepulcros ya están vacíos. Concédame la gracia de que no los vuelva a llenar con mis conductas inconscientes e indiferentes. Que el dolor solo me duela, pero que no me entorpezca la mirada. Amén.

Pregúntate: ¿Qué es lo que no me permite ver más allá de mis miedos y angustias?

MIÉRCOLES

Hch 3:1–10
Sal 104
Lc 24:13–35

"Pedro le dijo: 'No tengo plata ni oro; pero lo que tengo, te lo doy: En nombre de Jesucristo, el Nazareno, echa a andar'. Y tomándole de la mano derecha le levantó".

HCH 3,6–7

Reflexión: Qué reto el que podamos entender, inmersos en esta sociedad materialista, que lo mejor que poseemos no se puede comprar ni vender. La experiencia de Jesús resucitado nos rehace, nos cambia los esquemas y los puntos de referencia. Lo que verdaderamente tenemos es lo más valioso, esto es, el poder comunicar nuestra compasión y nuestro interés por alguien más. Que no nos sorprenda que nuestra mano extendida, cargada de misericordia, sea testigo de que algún paralítico quede curado.

Propósito: Reeducaré mi mano, de modo que ya no acuse ni señale, sino que ayude a otro a levantarse.

Oración: Dios, qué sorpresa el saber que lo que creía que poseía me es totalmente ajeno. Lo que verdaderamente puedo tener es tu presencia resucitada, que me permite darle brillo a las cosas que me vienen de ti cuando las comparto con alguien más. Amén.

Pregúntate: ¿Sigo creyendo que lo que realmente me hace vivir lo tengo que guardar en el baúl de mis propiedades?

JUEVES

Hch 3:11–26
Sal 8
Lc 24:35–48

"Y, levantándose al momento, se volvieron a Jerusalén y encontraron reunidos a los Once y a los que estaban con ellos (...). Ellos, por su parte, contaron lo que había pasado en el camino y cómo le habían conocido al partir el pan".

Lc 24:33.35

Reflexión: El amor tiene sus secretos para poder reconocer a la persona amada en las situaciones menos imaginadas. La Fracción del Pan es la imagen de un Jesús que se rompe a sí mismo por amor para alimentarnos con su propia persona. Las palabras sobran o probablemente estorban cuando permitimos a la misericordia que nos convierta en ese trozo de pan que el hambre de nuestro vecino o vecina necesita. Y al partirnos nosotros mismos, por amor, los demás pueden volver a reconocer a Jesús en nosotros, como aquella tarde en Emaús.

Propósito: Haré una obra de misericordia, dejando a un lado mi comodidad, imaginando ante mis ojos ese "trozo de pan" que puedo ofrecer con gozo a quien lo necesita.

Oración: Señor, necesito aprender a cambiar mis discursos teóricos por una sonrisa silenciosa que acompañe mi servicio o mi palabra cálida a quien tiene hambre de un poco de fraternidad y humanidad.

Pregúntate: ¿Trato de justificar mi egoísmo con sofismas que solo quieren proteger mi comodidad?

VIERNES

Hch 4:1–2
Sal 117
Jn 21:1–14

"Viene entonces Jesús, toma el pan y se lo da; y de igual modo el pez. Esta fue ya la tercera vez que Jesús se manifestó a los discípulos después de resucitar de entre los muertos".

JN 21:13–14

Reflexión: El contexto en el que Jesús resucitado hace sentir nuevamente su presencia, es el de un almuerzo sencillo, informal. Jesús invita y comparte. Naturalmente se trata de una referencia Eucarística. La belleza de este gesto es justo la sencillez y el gesto de tomar de sí mismo para que otros se alimenten. Esta es la dinámica cristiana. Podemos comprometer nuestra existencia si lo único que hacemos es pedir cosas y esperar a que otros den el primer paso. Podemos vivir plenamente felices si ofrecemos desde nosotros mismos la presencia de Jesús resucitado, en cualquier momento de nuestra vida diaria, cuando con gozo tomamos algo de nosotros mismos y lo compartimos con los demás. De esa forma, muchos podrán saciar esa hambre de sentido que tienen en su corazón.

Propósito: Tomaré de mí mismo mi tiempo, alguna cosa, alguna palabra para "alimentar" a quien comparte conmigo la jornada.

Oración: Jesús, qué gesto tan simple y tan sorprendente el de hacerte presente en mi vida, sin mayor protocolo que el deseo de alimentarme con tantos signos de tu presencia en mi día a día. Devuélveles la sencillez a mis ojos para poder descubrirte. Amén.

Pregúntate: ¿Será la sencillez o la sofisticación la que me da relevancia en este mundo?

SÁBADO

Hch 4:13–21
Sal 117
Mc 16:9–15

"Mas Pedro y Juan les respondieron: 'Juzguen si es justo delante de Dios obedecerles a ustedes más que a Dios. No podemos nosotros dejar de hablar de lo que hemos visto y oído".

HCH 4:19–20

Reflexión: Los discípulos no pudieron conservar para sí mismos la experiencia de haber visto a Jesús resucitado. Nosotros nos exponemos diariamente a realidades y experiencias que pueden condicionar el resto de nuestras vidas. El punto es darnos cuenta de qué o quién nos ha impactado tanto como para no dejar de mencionarlo una y otra vez o para imitarlo en nuestras vidas. Hoy sobran ídolos a quienes imitar. Pedro, Juan y tantos hombres y mujeres sencillos y valientes han experimentado a Dios vivo en Jesús y ni su vida, ni sus acciones pueden dejar de hablar de él. Incluso los testimonios de estos cristianos siguen resonando después de su muerte.

Propósito: Dejaré que mi forma de vivir, mis acciones y actitudes puedan gritar que Jesús es mi Señor y que sigue vivo en mí.

Oración: Señor, que la certeza de tu presencia viva y fascinante me devuelva el entusiasmo y la paz para comprometerme a construir un pedazo de mundo donde tú sigas siendo tema de conversación y criterio de vida.

Pregúntate: ¿En algún momento Jesús resucitado ha sido un punto importante de mi conversación, ahí, en mi vida diaria?

Segunda semana de Pascua

DOMINGO
CICLO A

Hch 2:42–47
Sal 118:2–4, 13–15, 22–24
1 Pe 1:3–9
Jn 20:19–31

"Todos los creyentes estaban de acuerdo y tenían todo en común; vendían sus posesiones y sus bienes y lo repartían entre todos, según la necesidad de cada uno".

HCH 2:44–45

Reflexión: La fe de los primeros cristianos era fruto de la conciencia de que Jesús resucitado había venido a cambiar las reglas del juego social. El Reino de Dios nos sigue exigiendo a los cristianos de hoy hacer una lectura atenta de las necesidades de los demás, especialmente de los que están más cerca de nosotros. Ya no es válido el concepto de propiedad privada. La justicia divina es dar a cada uno, no lo que el otro merece, sino lo que él o ella necesitan. Ya no suponemos necesidades, ahora las leemos en el semblante del rostro del vecino. A los hijos ya no les damos lo que piden o lo que nosotros no tuvimos. El amor nos educa a leer compasivamente las necesidades de nuestro hermano o hermana, aunque tengamos que desprendernos de lo que creíamos nuestro, pero que realmente pertenece a los demás.

Propósito: Compartiré lo que tengo, no como un favor, sino porque estoy devolviendo lo que ya no es mío, porque pertenece a los demás.

Oración: Señor, que tu amor providente eduque mi corazón, para poder experimentar el gozo y la libertad de ponerme humildemente al servicio de los demás. Amén.

Pregúntate: Lo que creo que es mío, ¿realmente me pertenece?

DOMINGO
CICLO B

───────

Hch 4:32–35
Sal 118:2–4, 13–15, 22–24
1 Jn 5:1–6
Jn 20:19–31

**"La multitud de los creyentes tenía un solo corazón
y una sola alma".**

HCH 4:32

Reflexión: La primitiva comunidad cristiana nos
entrega una de las actitudes propias de los que han creído
en Jesús muerto y resucitado. Para nuestros primeros
hermanos en la fe, creer significó amarse de tal modo
que estaban conectados con los lazos más profundos del
alma y del corazón. No era un grupo cerrado; Lucas nos
habla de una multitud de personas –como nosotros–,
que habían cambiado de vida porque se supo amada,
liberada y esta certeza de fe no le permitía vivir aislada.
La grave tentación de los cristianos, a través de los siglos,
es que ha sido más cómodo teorizar y "teologizar", que
atreverse a estar unidos profundamente, hasta el punto
de poner todo en común. En los primeros años del
Cristianismo, hubo menos libros y más entusiasmo por
vivir el mensaje de Jesús.

Propósito: Hablaré menos con mis opiniones y atenderé las necesidades de las personas que viven a mi lado.

Oración: Señor, ha sido penoso hablar tanto de ti, cuando los demás se quedaron esperando un trozo de mí. Ayúdame a teorizar menos y a descubrir más tu rostro en la necesidad de mi hermano. Que no te vuelva a fallar. Amén.

Pregúntate: ¿Me ha sido más cómodo simplemente hablar de Jesús y proteger disimuladamente mis intereses?

DOMINGO
CICLO C

───────

Hch 5:12–16
Sal 118:2–4, 13–15, 22–24
Ap 1:9–11a, 12–13, 17–19
Jn 20:19–31

"Al atardecer de aquel día, el primero de la
semana, estando cerradas, por miedo a los judíos,
las puertas del lugar donde se encontraban los
discípulos, se presentó Jesús en medio de ellos y
les dijo: 'La paz con ustedes'".

Reflexión: No es fácil entender la angustia, el miedo, la
tristeza y la confusión que vivían los discípulos, después
de ver brutalmente asesinado a su Maestro, a quien tanto
amaban, como tampoco es fácil entender la angustia o
los miedos de otras personas, a quienes inundamos
con tantos consejos no pedidos. En esos momentos tan
difíciles de sobrellevar, Jesús se hace presente, glorioso,
refrescándonos la memoria con las huellas de los clavos
en su cuerpo, como para que no se nos olvide que si
alguien sabe de sufrimiento, es él. Pero el dolor no
viene solo –"la paz este con ustedes"–, es presencia que
abraza nuestra angustia y nuestra desesperanza, capaz

de transformar nuestras lágrimas en cantos y nuestra muerte en una danza que nos habla de la eternidad.

Propósito: Antes de inundar la tragedia de alguien con tantas recetas de buena voluntad, mejor voy a ofrecer mi escucha atenta y afectuosa para acompañar al otro en su duelo.

Oración: Señor, ya sé que no estoy exento del dolor y de la angustia. Si me encuentro encerrado en mi miedo, entra y despiértame suavemente con el mismo saludo: *"la paz esté contigo".* Amén.

Pregúntate: ¿No habrá mejores resultados, si en las dificultades, le permito a Jesús que rompa mi cerrazón y ensimismamiento?

LUNES

Hch 4:23–31
Sal 2
Jn 3:1–8

"Acabada su oración, retembló el lugar donde estaban reunidos, y todos quedaron llenos del Espíritu Santo y proclamaban la palabra de Dios con valentía".

HCH 4:31

Reflexión: La parte de nuestro entorno en la que nos sentimos firmes, más seguros, es el piso. Cuando este se mueve, nuestra seguridad también se sacude. Esto es justo lo que el Señor pretende hacer con sus seguidores: sacudir nuestras seguridades y dejar que nuestra fragilidad nos haga ponernos de rodillas para que podamos reconocer quién es quien tiene el poder y para que entendamos cómo la Palabra se torna más elocuente cuando se proclama a través de nuestra pequeñez. Lo que Dios necesita de nosotros es nuestra "valentía" para hacer que su mensaje siga sacudiendo otras "seguridades".

Propósito: Hoy, en un momento de oración y de rodillas, depositaré mis "seguridades" en las manos del Señor.

Oración: Padre eterno, aunque me dé miedo, necesito que vuelvas a sacudir mis falsas seguridades para derribar la piedra de mi sepulcro.

Pregúntate: ¿Lo que proclamo es la Palabra de Dios o mis propias ideas?

MARTES

Hch 4:32–37
Sal 32
Jn 3:7–15

"La multitud de los creyentes tenía un solo corazón y una sola alma. Nadie consideraba sus bienes como propios, sino que todo lo tenían ellos en común".

Hch 4:32

Reflexión: Una de las consecuencias pascuales de la fe es que la misericordia llega a nuestras vidas cuando ejercemos la capacidad de reconocernos bendecidos y vivos, porque hacemos llegar nuestros dones a aquellos que los necesitan… y entonces dejan de ser nuestros. Ya no podemos llamar propio a nada, bajo grave riesgo de volver a engañarnos. Podríamos quedar encerrados con "nuestras propiedades" en el mismo sepulcro.

Propósito: Me recordaré a mí mismo que nada me pertenece, ni mi propia vida.

Oración: Señor, qué pena haber perdido la frescura de la libertad por la ansiedad de proteger "mis cosas". Que los dones que me has dado lleguen a donde tú mismo los esperas disfrazado de indigente, de drogadicto, de mi hermano rechazado o marginado. Amén.

Pregúntate: ¿Tendrá precio un rostro agradecido cuando le comparto algo de lo que creía mío?

MIÉRCOLES

Hch 5:17–26
Sal 33
Lc 3:16–21

"Porque tanto amó Dios al mundo que dio a su Hijo unigénito, para que todo el que crea en él no perezca, sino que tenga vida eterna".

JN 3:16

Reflexión: La forma en que Dios se comunica con nosotros es amándonos hasta el grado de entregar su tesoro más preciado. Es como si Dios se desgarrara un pedazo de sí mismo y lo pusiera en nuestras manos. Nos entregó a su propio y único Hijo. Dios no conoce las sobras ni los trámites burocráticos. Su mensaje es vital y directo. La medida de Dios es audaz, muy lejana de nuestras medidas calculadas y mezquinas. La Pascua consiste en expresar el amor de Dios, que es característico de nuestra identidad de bautizados, para entregarnos a quienes están lejos y cerca, a los que nos aman y a los que nos odian. Tanto ama Dios al mundo. Ojalá también tú y yo, aquí en esta tierra, amemos de esa forma antes de llegar a las puertas del Paraíso.

Propósito: Compartiré calidad de tiempo con quien solicite mi atención.

Oración: Señor, ayúdame, al menos a sospechar, que para amar necesito deshacerme de mis cálculos y arrancar de tu corazón de Padre la pasión para servir a los demás, sin quedarme atrapado en los juegos de las sobras y de las limosnas. Amén.

Pregúntate: ¿Ser generoso es solamente liberarme de lo que me sobra?

JUEVES

Hch 5:27–33
Sal 33
Lc 3:31–36

"Porque aquel a quien Dios ha enviado habla las palabras de Dios, porque no da el Espíritu con medida".

JN 3:34

Reflexión: El privilegio del enviado de Dios es traer el "negocio" de Dios en la mente, en la boca, en el corazón, de manera que quien lo escucha no escucha su voz sino la del Espíritu de Dios. Los indicadores de que es Dios quien habla y el Espíritu quien inspira serán la sorpresa y el hambre de lo nuevo, de lo distinto, de Dios. Nada queda igual.

Propósito: Me aseguraré de que antes de abrir mi boca, haga un momento de silencio para darle oportunidad a Dios de que sea él quien hable.

Oración: Señor, inspírame para que mi capacidad de escuchar sea quien le dé permiso a mi boca de hablar. Amén.

Pregúntate: ¿Qué es lo que te da más autoridad moral, hablar o escuchar?

VIERNES

Hch 5:34–42
Sal 26
Jn 6:1–15

"Porque si este plan o esta obra es de los hombres, fracasará; pero si es de Dios, no conseguirán destruirlos".

Hch 5:39

Reflexión: Dejarse tomar de la mano por Dios siempre ha sido difícil para nuestro orgullo. Nuestra agenda suele estar por encima de los planes de Dios. Andamos tan de prisa que nos confundimos. No se por cuánto tiempo hemos creído que lo que nos gusta o nos llama la atención es obra divina y resulta que Dios se encuentra muy lejos, en otro sitio. Valdría la pena que de vez en cuando le pidiéramos a Él su opinión.

Segunda semana de Pascua   35

Propósito: En cualquier favor que haga, me aseguraré de que la bondad, signo de Dios, está presente.

Oración: Señor, acompáñame en mi esfuerzo por ser menos eficiente y un poco más humano, un poco más humilde.

Pregúntate: ¿Estoy seguro de no estar confundiendo mi necedad con la voluntad de Dios?

SÁBADO

Hch 6:1–7
Sal 32
Jn 6:16–21

"Había ya oscurecido, y Jesús todavía no había venido a ellos; soplaba un fuerte viento y el mar comenzó a encresparse".

JN 6:17–18

Reflexión: También el primer Papa y los primeros colaboradores de Jesús experimentaron lo que es estar envueltos por la oscuridad y con el peligro acechando. También experimentaron la sensación de estar solos, sin protección alguna. Parece que el Señor necesita de nuestra vulnerabilidad para que su presencia sea más evidente y nuestra humildad vaya educando nuestro egoísmo, y seguramente es entonces cuando él nos hará sentir su presencia siempre sorprendente.

Propósito: En medio de las emergencias, haré ejercicios de serenidad permitiendo que la mano de Dios haga su tarea.

Oración: Señor, que las pérdidas y las incertidumbres derrumben mis murallas y permitan que tu rostro sonriente vuelva a asomarse a mi vida. Amén.

Pregúntate: ¿En las tragedias me dejo llevar por el miedo?

Tercera semana de Pascua

DOMINGO
CICLO A

Hch 2:14, 22–33
Sal 16:1–2, 5, 7–8, 9–10, 11
1 Pe 1:17–21
Lc 24:13–35

"Pero ellos le rogaron insistentemente: 'Quédate con nosotros, porque atardece y el día ya ha declinado'".

Lc 24:29

Reflexión: Ha sido muy fácil dejarnos desalentar por el miedo. La tristeza, además, nos ha encerrado en un ensimismamiento enfermizo. Todos nosotros, de una manera u otra, recorremos el "camino de Emaús". Caminar arrastrando los pies y con la mirada perdida ha hecho de nuestro andar algo torpe, pesado…, hasta que se nos aparece Jesús disfrazado con otros ropajes, con otro rostro, con otra piel. La clave está en analizar si nuestro corazón aún es capaz de arder porque hemos detectado la presencia suave, discreta y sorpresiva de Jesús. Cómo no gritar con la angustia en la garganta y los ojos humedecidos: *"Quédate con nosotros porque ya no podemos seguir caminando, hace rato que nos dejamos atrapar por la noche: ¡quédate!"*.

Propósito: En los momentos de angustia, estaré atento a la presencia sorprendente de Jesús.

Oración: Señor, gracias porque en el amanecer de mi vida has encendido en mí la llama del Espíritu. Que los vientos de las dificultades no apaguen las brasas de tu presencia, justo cuando creemos que el día se nos acaba. Amén.

Pregúntate: En los momentos de angustia, ¿he dejado algún espacio en mi interior para que Jesús vuelva a encender la esperanza en mi corazón?

DOMINGO
CICLO B

Hch 3:13–15, 17–19
Sal 4:2, 4, 7–8, 9
1 Jn 2:1–5a
Lc 24:35–48

"Y, levantándose al momento, se volvieron a Jerusalén y encontraron reunidos a los Once y a los que estaban con ellos (…). Ellos, por su parte, contaron lo que había pasado en el camino y cómo le habían conocido al partir el pan".

Lc 24:33.35

Reflexión: Los grandes artistas son reconocidos por su perfil, por su firma. El sello de Jesús es "la Fracción del Pan". Esta es la clave de cómo podemos reconocer la huella de Jesús en nosotros, sus seguidores. Un signo marcadamente eucarístico. Los que verdaderamente creemos en Jesús, nos vamos trasformando en el mejor trozo de pan, que precisa ser fraccionado para poder alimentar. En esto nos reconocerá la sociedad contemporánea, que postula como valores el acumular, aparentar, desechar, arrebatar, competir; una sociedad en la que los cristianos navegamos contra corriente.

Poco a poco, esta "civilización" individualista y artificial, habrá de probar de nuestro pan, el pan de Jesús en nosotros y entonces, en más de algún mortal, volverá a arder su corazón al reconocer a Jesús ahí donde nadie lo imaginaba.

Propósito: No perderé las oportunidades de compartir un trozo de mí mismo con la persona que me necesite.

Oración: Señor, que al celebrar tu Eucaristía se renueve en mi la necesidad de partirme, como tú, para que nadie más vuelva a tener hambre de lo esencial y te volvamos a reconocer los unos y los otros en un gesto nuevo de generosidad. Amén.

Pregúntate: ¿Qué tendrá más sentido, compartir mi pan o "ponerme a dieta"?

DOMINGO
CICLO C

Hch 5:27–32, 40b–41
Sal 30:2, 4, 5–6, 11–12, 13
Ap 5:11–14
Jn 21:1–19 o 21:1–14

"Nada más saltar a tierra, ven preparadas unas brasas y un pez sobre ellas y pan. Les dice Jesús: 'Traigan algunos de los peces que acaban de pescar'".

JN 21:9–10

Reflexión: Esta fue la tercera vez que Jesús se apareció a sus discípulos después de su resurrección. Aparece resucitado e invitándolos a almorzar. Sencillamente asombroso. El detalle es que Jesús nuevamente prepara la comida con los bienes que cada uno traemos; los discípulos llevaban pescados, nosotros estamos colmados de muchos dones que sería una tristeza quedarnos fuera del misterio, porque preferimos meter nuestros bienes en la caja fuerte. Jesús siempre nos pondrá el milagro frente a nuestros ojos. La condición es que colaboremos con nuestros dones en la mesa de la humanidad. Lo cotidiano será maravilloso porque hay menos que proteger y más que compartir.

Propósito: Me aseguraré de poner mis dones en la mesa común donde mis amigos, mi escuela o mis compañeros de trabajo puedan beneficiarse de ellos.

Oración: Señor, qué maravilla que nos sigas sorprendiendo con tu divinidad tan encarnada en nuestras vidas. Que podamos sentarnos contigo, resucitado y compartiendo un trozo de nuestro pan. Amén.

Pregúntate: ¿Sigo esperando que los demás den el primer paso para resolver los problemas de nuestra comunidad, de nuestro mundo?

LUNES

———

Hch 6:8–15
Sal 118
Jn 6:22–29

"Obren, no por el alimento perecedero, sino por el alimento que permanece para vida eterna".

JN 6:27

Reflexión: Los que compartimos la historia como inmigrantes en este país, podemos darnos cuenta de que el "sueño americano" lo hemos reducido a cambiar nuestro precioso tiempo por dinero. Se nos ha olvidado vivir. Irónicamente nos "partimos" la espalda por conseguir el dinero necesario para adquirir bienes que caducan fácilmente o que terminan amontonados en nuestros roperos y cocheras. El encuentro con Dios lo hemos relegado para cuando "tengamos tiempo"…, hasta que el primer funeral nos hace sospechar que hay otras realidades y otras prioridades que no se pueden adquirir con dinero.

Propósito: Antes de ir a dormir, haré una breve oración pidiendo al Señor que me conceda una buena muerte.

Oración: Señor, ilumina mis ojos para que sean capaces de estrenar una perspectiva que vaya más allá de mis mezquinos intereses. Amén.

Pregúntate: ¿Sigo creyendo que lo que me puede satisfacer verdaderamente se puede vender o comprar?

MARTES

————————

Hch 7:51–8:1
Sal 30
Jn 6:30–35

"Entonces le dijeron: 'Señor, danos siempre de ese pan'".

Jn 6:34

Reflexión: Es interesante constatar cómo Jesús confronta a aquellos que se consideran satisfechos. El mensaje de Jesús está orientado a despertar el hambre. Dos palabras claras para no vivir "muertos en vida": despertar y hambre. Tomar plena conciencia de lo que hacemos u omitimos, de lo que decimos o callamos equivale a estar despiertos. El hambre nos mueve a buscar, a saber, a intentar. El pensar que estamos satisfechos, en la vida espiritual, equivale a regresar al sepulcro.

Propósito: Cuando tenga que opinar, iniciaré mi intervención con la expresión: "me parece que…".

Oración: Señor, sigue despertando en mí el hambre de seguir descubriendo y que nunca sienta que ya lo sé todo. Amén.

Pregúntate: ¿La sabiduría es el arte de seguir descubriendo o de saberlo todo?

MIÉRCOLES

Hch 8:1–8
Sal 65
_Jn 8:26–40_

"Porque esta es la voluntad de mi Padre: que todo
el que vea al Hijo y crea en él, tenga vida eterna y
que yo lo resucite el último día".

JN 6:40

Reflexión: Es un arte humano y divino poder ver al
Hijo con los ojos del corazón y permitir que transforme
nuestras vidas, de modo que nos resucite y nos permita
vivir para siempre. La muerte de un hijo o la enfermedad
terminal de uno de mis padres puede remover, en medio
del dolor que implican, la ceguera de mi corazón. Así,
el Señor me hará salir de las sombras de mi egoísmo y
tendré el coraje para vivir de cara a la luz que no se apaga.

Propósito: Haré un esfuerzo por ver el rostro de mi vecino con el corazón. Jesús se asomará por él cuando menos lo imagine.

Oración: Señor, las prisas de todos los días me han vuelto miope. He perdido la capacidad para contemplar lo que me rodea. Ayúdame a ejercitar el corazón para recuperar la vista y volverme a encontrar contigo. Amén.

Pregúntate: ¿Has intentado conectar tus ojos, no con el cerebro, sino con el corazón?

JUEVES

Hch 8:26–40
Sal 65
Lc 6:44–51

"Este es el pan que baja del cielo, para que quien lo coma, no muera".

Jn 6:50

Reflexión: Es cierto que, de algún modo, somos lo que comemos. Si no cuidamos lo que permitimos entrar a nuestra mente, a nuestro corazón y a nuestro estómago, es probable que estemos consumiendo nuestra propia muerte. También la información amarillista, los chismes, la comida chatarra y los resentimientos terminan por envenenar nuestra forma de vivir. Jesús no es una doctrina, es otro tipo de alimento que si lo comemos y le permitimos entrar y rediseñar nuestra vida, habremos dejado la muerte en el sepulcro.

Propósito: Cuidaré lo que veo, lo que escucho y lo que como.

Oración: Señor, qué maravilla no solo saberme amado por ti, sino poder llevarte en los labios y en mi propia sangre. Ayúdame a despertar el hambre de ti en mí y también en aquel con quien me encuentre en la vida. Amén.

Pregúntate: ¿Soy cuidadoso con el material que dejo entrar a mi organismo?

VIERNES

Hch 9:1–20
Sal 116
Jn 6:52–59

"Sucedió que, yendo de camino, cuando estaba cerca de Damasco, de repente le envolvió una luz venida del cielo, cayó en tierra y oyó una voz que le decía 'Saúl, Saúl, ¿por qué me persigues?'".

HCH 9:3–4

Reflexión: Alguna vez en nuestra vida nos habremos visto montados en nuestro orgullo, cabalgando seguros de nosotros mismos, hasta que la vida se encarga de hacernos "comer tierra", tirándonos de nuestra vieja cabalgadura. Es desconcertante, doloroso, pero igualmente saludable, porque aprendemos a asomarnos a la vida desde nuestra humildad liberadora. De rodillas y con la boca rota podremos entablar un diálogo luminoso con el Señor.

Propósito: Aprenderé a ver a mis hermanos y hermanas desde la sencillez, libre.

Oración: Señor, ya no puedo dirigirme a ti desde mis logros o agradecerte por los aplausos recibidos. Desde mi fracaso y mi confusión hoy me dejaré envolver por ti, bañado en tu sangre y revestido de tu luz. Amén.

Pregúntate: Según Jesús, ¿la realidad se ve más clara desde arriba o desde abajo?

SÁBADO

Hch 9:31–42
Sal 115
Jn 6:60–69

"Jesús dijo entonces a los Doce: '¿también ustedes quieren marcharse?'".

JN 6:67

Reflexión: La novedad de Jesús es contracultural. Cambia el orden de las cosas al que hemos estado acostumbrados por siglos. Ahora, los primeros serán últimos y el más importante debe ser el servidor de todos. La unión con él es tan profunda que hay que comerlo y beberlo. Su Palabra tiene que circular por nuestras venas y aparece en las obras de nuestras manos y en la fuerza de nuestras palabras. Por tanto, no es popular el pretender seguir a Jesús, porque eso implica renunciar a nuestra comodidad y a nuestros gustos. Y tú, ¿también quieres dejarme?

Propósito: Buscaré ser honesto y amable en mis relaciones con los demás. Los aplausos pueden ser engañosos.

Oración: Señor, lo que ahora me pides es que colme de sentido mi vida buscando lo que es verdadero, noble y justo. Ayúdame a desconfiar de los halagos y las adulaciones ajenas. Ayúdame a comer y a beber solo de ti.

Pregúntate: ¿Prefiero seguir a Jesús o complacer y agradar a quienes viven conmigo, aunque tenga que ir contra mi conciencia?

Cuarta semana de Pascua

DOMINGO
CICLO A

Hch 2:14a, 36–41
Sal 23:1–3a, 3b–4, 5, 6
1 Pe 2:20b–25
Jn 10:1–10

"A este le abre el portero, y las ovejas escuchan su voz; y a sus ovejas las llama una por una y las saca fuera".

JN 10:3

Reflexión: La relación del Señor con cada uno de nosotros es profundamente personal, íntima. Tener nombre es poseer identidad. Es nuestra identidad personal compartiendo la aventura de la fe con otras "identidades" igualmente reconocidas y amadas por Jesús. El reconocer la voz es posible porque la boca y los oídos están conectados con el corazón. Esto es lo que hace la diferencia en nuestros esfuerzos por educar hijos o fortalecer relaciones. De que forma tan distinta suceden las cosas cuando la persona con la que diferimos primero escucha nuestro corazón y luego nuestros argumentos.

Propósito: Seré consciente de que mis diferencias con otras personas las puedo manejar con un profundo respeto y con amabilidad.

Oración: Señor, cómo no reconocer tu voz en medio de tantos gritos y amenazas. Concédeme la gracia de conectar mi boca y mis oídos con el corazón. Amén.

Pregúntate: ¿Qué será lo que abrirá las puertas a mis argumentos?, ¿el grito impositivo o mi actitud de respeto?

DOMINGO
CICLO B

Hch 4:8–12
Sal 118:1, 8–9, 21–23, 26, 28, 29
1 Jn 3:1–2
Jn 10:11–18

"Miren qué amor nos ha tenido el Padre para llamarnos hijos de Dios, pues ¡lo somos!".

1 Jn 3:1

Reflexión: El amor del Padre nos permite ser quienes somos. Los problemas de conducta o las desviaciones en nuestra vida son consecuencia de olvidarnos quiénes somos realmente. Cuando nos sabemos amados, también nos sabemos dignos. Por tanto, no tenemos necesidad de disfraces o caretas. La conciencia de nuestra dignidad de hijos nace de lo más íntimo de nuestro ser y enmarca toda nuestra vida, nuestra forma de pensar, nuestro modo de hablar, nuestra forma de entablar relaciones con los demás. No vendamos nuestros privilegios de hijos por ganancias baratas.

Propósito: Mi relación con los demás la enmarcaré bajo la mirada del Padre.

Oración: Padre, ilumina mi conciencia para que no lastime mi relación contigo por distraerme en intereses mezquinos. Amén.

Pregúntate: ¿Trato a los demás por lo que son o por lo que hacen?

DOMINGO
CICLO C

Hch 13:14, 43–52
Sal 100:1–2, 3, 5
Ap 7:9, 14b–17
Jn 10:27–30

"Yo y el Padre somos uno".

JN 10:30

Reflexión: Es muy bello constatar cómo la unidad solo se produce por la fuerza del amor. El mejor ejemplo es divino: Dios es uno. El amor de Jesús por el Padre está presente en todos los Evangelios. Papá y mamá están llamados a ser como Dios. Siendo tan distintos, gracias al amor, caminarán por la vida como uno solo. Lo mismo puede suceder en un grupo de estudio, en un equipo de trabajo, en la comunidad parroquial, en el vecindario.

Con un poco de cariño en la relación con los demás, podremos arrancar presencia de Dios, que no solo nos permita ser más eficientes, sino también plenamente felices.

Propósito: En mis trabajos en grupo, promoveré la bondad y el respeto antes que la eficiencia.

Oración: Padre, no puedo ser yo mismo si no soy uno contigo por el amor. Concédeme la sabiduría de anteponer la caridad a cualquier encuentro con los seres humanos, mis hermanos. Amén.

Pregúntate: ¿No será que el respeto producirá una mayor eficiencia y no al revés?

LUNES

———

Hch 4:8–12
Sal 117
1 Jn 3:1–2
Jn 10:11–18

"Me acordé entonces de aquellas palabras que dijo el Señor: Juan bautizó con agua, pero ustedes serán bautizados con el Espíritu Santo".

HCH 11:16

Reflexión: Hay muchas propuestas de religiosidad con horizontes muy nobles, pero muy subjetivas o con una perspectiva muy limitada. Igual que Pedro, podemos recuperar la memoria de que el Espíritu Santo ha sido derramado en nuestros corazones y, por tanto, estamos capacitados para hacer cosas extraordinarias. La memoria no nos permitirá limitarnos a lo que la "gente normal" hace. El rostro gozoso puede acompañar nuestro servicio humilde y libre en un ambiente competitivo. Podemos amar incluso a nuestros propios enemigos.

Propósito: Haré de mis obligaciones diarias algo extraordinario.

Oración: Señor, me ha sido muy cómodo ser bueno sin que nadie cuestione mi vida ordinaria. Ayúdame a dejar la puerta abierta y correr el "riesgo" de que tu Espíritu entre en mi vida y me ayude a recuperar la memoria de mi Bautismo y dignidad.

Pregúntate: ¿Ser buen cristiano es limitarse a hacer lo que todos acostumbran hacer?

MARTES

Hch 11:19–26
Sal 86
Jn 10:22–30

"En Antioquía fue donde, por primera vez, los discípulos recibieron el nombre de 'cristianos'".

HCH 11:26

Reflexión: En la Sagrada Escritura, tener un nombre significa ser alguien. Nuestra identidad es la riqueza con la que Dios nos ha dotado. Con esta identidad que nos viene de Dios creativamente enriquecemos y transformamos el mundo. Renunciar a esta tarea y resignarnos a imitar patrones sociales, es renunciar a una parte importante de nosotros mismos. Por tanto, la gente conocerá que somos cristianos, no por lo que llevamos colgando al cuello, sino por nuestro cariño mutuo y por la forma entusiasmante de transformar al mundo.

Propósito: Conservaré mi crucifijo adentro y dejaré que mis actitudes y mis acciones hablen de Jesús a los que caminan conmigo.

Oración: Señor, ya no puedo multiplicar más discursos sobre ti. Mi boca ha dicho tanto y mis manos aún están a la espera de que también ellas, con tu ayuda, puedan hablar, como si el mensaje ahora fuera una caricia.

Pregúntate: ¿Me identifican como cristiano por mi crucifijo al cuello o por algo más?

MIÉRCOLES

Hch 12:24–13:5
Sal 66
Jn 12:44–50

"Entonces, después de haber ayunado y orado, les impusieron las manos y los enviaron".

Hch 13:3

Reflexión: Descubrimos la belleza de una comunidad de personas creyentes, que son conscientes de que las decisiones las toma Dios y de que ellos son meros instrumentos. Por tanto, tenemos que "vaciarnos" de nuestras ideas y prejuicios –el ayuno– y abrir las puertas de nuestro corazón en la oración, para que Dios manifieste su voluntad de una manera discreta y sencilla. Las manos extendidas son la prolongación de la presencia del Espíritu para consagrar, fortalecer y enviar. Dios está esperando nuestra disponibilidad limpia, atenta y dispuesta a la aventura.

Propósito: Disfrutaré de un momento por la mañana, en silencio, ayunando de todo ruido interior y me pondré a disposición del Señor.

Oración: Señor, me he dejado contaminar con tantas ideas, juicios y prejuicios, y la amargura pretende infectar mi optimismo. Dame la fuerza para desechar todo aquello que me ha impedido ponerme en camino, en tu nombre y a tu lado. Amén.

Pregúntate: ¿Es mejor pretender saberlo todo o simplemente recuperar la libertad de nuestra pequeñez bien dispuesta?

JUEVES

────────

Hch 13:13–25
Sal 88
Lc 13:16–20

"En verdad, en verdad les digo: no es más el siervo que su amo, ni el enviado más que el que lo envía. Sabiendo esto, dichosos serán si lo cumplen".

JN 13:16–17

Reflexión: Jesús, después de lavar los pies a sus discípulos, les recuerda las nuevas categorías de importancia. Jesús es el maestro y les lava los pies. Es la importancia misma la que lava los pies. Para ser dichoso se requieren dos cosas: entender esto y practicarlo. Tal parece que una de las categorías para que una persona sea importante, es que tenga en la sangre la necesidad de servir. Ya no se puede perder el tiempo en discursos. Hoy, la importancia misma se ha inclinado a lavar los pies a los aprendices de una nueva forma de ser libres y felices. Esto es lo importante.

Propósito: Aprovecharé mi tiempo haciendo un acto nuevo de servicio a aquella persona que menos lo espere de mí.

Oración: Señor, me has cambiado el juego y me has abierto un nuevo horizonte para ser plenamente feliz. Gracias. Amén.

Pregúntate: ¿Sigo creyendo que la persona importante es la que es servida?

VIERNES

Hch 13:26–33
Sal 2
Jn 14:1–6

"No se turbe su corazón. Creen en Dios, crean también en mí".

JN 14:1

Reflexión: El ministerio de Jesús no pretende dar calmantes adormecedores. Al contrario, ha venido a que recuperemos el estado de alerta. Una de las consecuencias más graves del adormecimiento social y personal es el entregar nuestra energía y los momentos más lúcidos de nuestra vida a lo que solo se nos puede pagar con dinero. Esto es justamente lo que nos arrebata la paz. A Dios solamente le hemos dejado las sobras de nuestro tiempo y de nuestra energía. Hagamos caso al resucitado, cambiemos la perspectiva y decidamos a quién le seguiremos entregando lo mejor de nuestras vidas.

Propósito: En un trozo de papel calcularé, de mis 24 horas diarias, a qué o a quién le dedico la mayor cantidad de mi tiempo: cuántas horas a Dios, cuántas a mi familia, cuántas a mis amigos, etc.

Oración: Señor resucitado, ya no quiero vivir como si estuviera muerto. Ilumíname para corregir mi escala de valores. Quiero vivir despierto, de cara a lo que realmente le da sentido a mi paso por este mundo. Amén.

Pregúntate: ¿Sigo dando por hecho que lo que me vende la propaganda es lo que realmente necesito?

SÁBADO

Hch 13:44–52
Sal 97
Jn 14:7–14

"Le dice Jesús: '¿Tanto tiempo hace que estoy con ustedes y no me conoces, Felipe? El que me ha visto a mí, ha visto al Padre'".

JN 14:9

Reflexión: Podremos comprobar que la capacidad de estar presentes tiene diversos niveles. La forma como Dios se hace presente es a través de la comunión perfecta con la persona amada. Aquellas personas más vulnerables, más marginadas y desposeídas son los rostros privilegiados de Dios. Es en ellas en quienes Jesús, de manera especial, se manifiesta, lo mismo que el Padre se deja experimentar en la persona de su Hijo muy amado. Habremos de aprender, entonces, a estar presentes en este mundo, en nuestra familia. Habrá que entrenar a nuestros ojos para que descubran a Jesús al lado nuestro, más vivo y más evidente que nunca.

Propósito: Cambiaré mis prejuicios por la sorpresa de que Jesús está en el rostro de la persona a la que pretendo juzgar y sentenciar.

Oración: Señor, qué distraído soy. Hace tanto tiempo que estás a mi lado, dentro de mí y sigo lamentando mi soledad o acaso imponiendo mis caprichos. Ilumina mis ojos y mi actitud para dejarme sorprender por tu presencia cotidiana. Amén.

Pregúntate: ¿Sigo creyendo que puedo evaluar a una persona solamente por lo que hace, ignorando su verdadera identidad?

Quinta semana de Pascua

DOMINGO
CICLO A

Hch 6:1–7
Sal 33:1–2, 4–5, 18–19
1 Pe 2:4–9
Jn 14:1–12

"Pero ustedes son linaje elegido, sacerdocio real, nación santa, pueblo adquirido, para anunciar las alabanzas de Aquel que los ha llamado de las tinieblas a su admirable luz".

1 PE 2:9

Reflexión: ¡Es tan fácil que nos confundamos en la masa y que repitamos los patrones de la sociedad de consumo que nos acosa! La Pascua es una excelente oportunidad para recuperar nuestra identidad. El Bautismo nos ha hecho miembros de una estirpe elegida, de un pueblo consagrado que nos permite redescubrir nuestros talentos para impactar la vida de aquellos que se están muriendo en la masa amorfa del mundo que nos rodea. La dignidad bautismal nos transforma para que juntos podamos proclamar las maravillas de Dios, que implica la construcción de un mundo mejor para todos, de acuerdo con nuestra verdadera dignidad, una dignidad que parece perdida entre tantas cosas y costumbres.

Propósito: Voy a investigar la fecha en que fui bautizado y organizaré algo especial cada año para no olvidarla.

Oración: Señor, qué gozo saberme consagrado a ti durante las 24 horas de mi jornada. Ayúdame a conducirme de tal manera que "mi gente" pueda percibir mi dignidad y les motive a sospechar lo importantes que todos somos y lo mucho que juntos podemos construir. Amén.

Pregúntate: ¿Me he dado cuenta de que Dios ha puesto su sello en mi interior y en mi frente?

DOMINGO
CICLO B

Hch 9:26–31
Sal 22:26–27, 28, 30, 31–32
1 Jn 3:18–24
Jn 15:1–8

"Hijos míos, no amemos de palabra ni con la boca,
sino con obras y según la verdad".

1 Jn 3:18

Reflexión: En nuestras culturas occidentales siempre
será una tentación reducir todo a conceptos y manejarlo
con la boca. Nada de lo anterior nos asegura que sea
verdadero. Si ya estamos cansados de tantos discursos
y de tanta ficción, puede ser una muy buena señal.
Hagámosle caso al apóstol san Juan, quien captó
perfectamente el mensaje de Jesús: conectemos la cabeza
y las manos con el corazón. Mientras haya personas
que sigan moviendo la boca, nosotros podremos mover
el mundo, como Teresa de Calcuta, san Juan Bosco…,
como Jesús.

Propósito: Hablaré menos y serviré más.

Oración: Señor, ayúdame a ya no predicar tanto con la boca. Quiero pedirte prestada tu toalla y tu jarra de agua, que han sido los mejores instrumentos para mostrar tu poder. Amén.

Pregúntate: ¿Será que las palabras pueden ser una evasión para no actuar?

DOMINGO
CICLO C

Hch 14:21–27
Sal 145:8–9, 10–11, 12–13
Ap 21:1–5a
Jn 13:31–33a, 34–35

"Les doy un mandamiento nuevo: que se amen los unos a los otros. Que, como yo los he amado, así se amen también ustedes los unos a los otros. En esto conocerán todos que son discípulos míos".

JN 13:34–35

Reflexión: Este mandamiento no solo es nuevo, sino que tiene el poder de hacer todo nuevo: las relaciones humanas, las tareas, el trabajo profesional, las artes. Terminar con relaciones internacionales basadas en intereses y hacerlas nuevas, sin guerras, en paz. La medida es Jesús. Los que somos sus discípulos estamos firmando un compromiso vital de entregar la vida por el amor, por Jesús. Esto es lo que hace todo nuevo, sin miedos, sin escondrijos, sin dobles fondos. El amor nos permite sacar lo más bello de nuestro interior e imprimirlo en la historia diaria, como Jesús.

Propósito: No moveré ni un dedo sino es motivado por la fuerza del amor.

Oración: Padre, nos hemos envejecido entre guerras y sangre. Ayúdame a ser siempre el primero en poner tu toque divino en todo lo que haga y diga, hasta que todo vuelva a ser nuevo. Amén.

Pregúntate: ¿Tengo que recurrir a objetos externos para que los demás reconozcan que soy cristiano?

LUNES

Hch 14:5–18
Sal 113 B
Jn 14:21–26

"Nosotros somos también hombres, de igual condición que ustedes, que les predicamos que abandonen estas cosas vanas y se vuelvan al Dios vivo que hizo el cielo, la tierra, el mar y cuanto en ellos hay".

HCH 14:15

Reflexión: Nuestro seguimiento de Jesús resucitado deberá ser tan entusiasmante que podremos, en su nombre, realizar prodigios sorprendentes. El grito de Pablo a los paganos de Iconio tendrá que ser nuestro grito de rebeldía. No tenemos necesidad de que nos aplaudan. La dignidad del Padre la llevamos impresa en el corazón. Nuestras manos están entrenadas para hacer los prodigios de la misericordia y de la reconciliación, para derribar ídolos y reconocer la mano creadora de Dios ahí, en nuestra vida de cada día.

Propósito: Cada una de mis responsabilidades y tareas tendrán el sello de la misericordia de Dios.

Oración: Señor, el indicador de que realmente es a ti a quien sigo, es que mi vida sea una colección de actos impregnados de tu bondad, capaz de sorprender saludablemente a este mundo que nos enajena. Ayúdame a que no lo olvide. Amén.

Pregúntate: ¿Estoy seguro de que mi vida de fe está proyectando algo fascinante a la gente que me rodea?

MARTES

Hch 14:19–28
Sal 144
Jn 14:27–31

"A su llegada [a Antioquía] reunieron a la Iglesia y se pusieron a contar todo cuanto Dios había hecho juntamente con ellos y cómo había abierto a los gentiles la puerta de la fe".

HCH 14:27

Reflexión: Es un verdadero reto hacer a un lado las convicciones de nuestra sociedad occidental que promueve altos niveles de competencia y de control, y de pronto descubrir la libertad y el sentido que cobran nuestras vidas cuando nos abandonamos en las manos de Dios. Nos liberamos de la obsesión del control y simplemente ingresamos a un mundo fresco, de puertas y ventanas abiertas, donde Dios hace su sorprendente tarea usando nuestras manos, nuestra boca, nuestro intelecto y, sobre todo, nuestro corazón. Somos parte del misterio, dispuestos a formar parte de los milagros producidos por la fe.

Propósito: Tendré presente que el "negocio" no es mío, que todo le pertenece a Dios. Tendré claro que todo es gracia.

Oración: Señor, perdóname por usurpar tu lugar. Yo no soy el dueño de nada. Nada poseo y quiero mantener la gozosa certeza de que eres tú quien me abraza con interminables bendiciones, cada día, cada segundo de mi existencia. Amén.

Pregúntate: ¿Quién tiene realmente el poder?

MIÉRCOLES

Hch 15:1–6
Sal 121
Jn 15:1–8

"Yo soy la vid; ustedes los sarmientos. El que permanece en mí y yo en él, ese da mucho fruto; porque separados de mí no pueden hacer nada".

JN 15:5

Reflexión: Hemos sido creados como seres para la comunión. Por tanto, es esencial descubrir en nuestra vida diaria con qué o con quién nos estamos "conectando". Es igualmente importante darnos cuenta cómo nos estamos "conectando", si nuestra relación es la de una persona libre y generosa o si es la de una egoísta y apegada. De esta relación surgen los frutos de nuestro vivir cotidiano. La Pascua es la oportunidad providencial para "conectarnos" con Jesús vivo. Los frutos que nuestra comunión con el Señor resucitado produzca, tendrán el sello divino. Seremos parte del misterio contribuyendo a crear un mundo nuevo y distinto.

Propósito: En todo lo que haga o diga invitaré al Señor para que lo hagamos y digamos juntos.

Oración: Señor, ayúdame a darme cuenta de que mis momentos de egoísmo me orillan a la soledad, a la ruptura y a la muerte. Tengo hambre de vivir, tengo hambre de ti. Amén.

Pregúntate: ¿Realmente soy feliz cuando me enfoco –o me distraigo– en proteger mis negocios personales?

JUEVES

Hch 15:7–21
Sal 95
Jn 15:9–11

"¿Por qué, pues, ahora tientan a Dios imponiendo sobre el cuello de los discípulos un yugo que ni nuestros padres ni nosotros pudimos sobrellevar?".

HCH 15:10

Reflexión: En algún momento de nuestra vida nos daremos cuenta de que Dios no necesita seguidores con una lista interminable de normas y de doctrinas. La identidad como cristianos se nos ha regalado y es nuestra única tarea la de conservarla amándonos los unos a los otros. No hablamos de normas, hablamos de un principio divino, generoso y creador que es el amor. Únicamente la caridad nos identifica con el verdadero Dios y nos permite hermanarnos como creación, como pueblo escogido y amado. La observancia fría de una lista interminable de preceptos puede denunciar nuestro miedo a ejercer el poder sencillo, humano y divino del amor. Nuestras distracciones cotidianas nos pueden llevar de regreso a la muerte.

Propósito: Antes de corregir al vecino o vecina, tengo que asegurarme de que esa persona ya se siente amada por mí.

Oración: Señor, qué fácil y qué difícil a la vez es confundir mi deseo de estar contigo cuando te cambio por una lista de preceptos. Concédeme la gracia de descubrir tu cariño en cada detalle, con los que me muestras tu presencia y ternura. Amén.

Pregúntate: ¿Ser una persona religiosa consiste en cumplir escrupulosamente una serie de normas y doctrinas?

VIERNES

Hch 15:22–31
Sal 56
Jn 15:12–17

"Este es el mandamiento mío: que se amen los unos a los otros como yo los he amado. Nadie tiene mayor amor que el que da su vida por sus amigos".

JN 15:12–13

Reflexión: Podemos seguir perdiéndonos o distrayéndonos en una infinidad de reflexiones teológicas y escribir largos ensayos acerca del mensaje de Jesús, y no darnos cuenta de que mientras más complejos y sofisticados sean los estudios, más lejos de la realidad del Evangelio nos encontraremos. El punto de referencia de Jesús es el mandamiento del amor, el cual nos recuerda que él no es una doctrina. A Jesús no se le entiende, simplemente se vive con él, para él y en él. Jesús subraya la realidad de la amistad, don que nos capacita emocionalmente para vivir nuestra vocación humana y religiosa el resto de nuestra existencia.

Propósito: Todo lo que haga y diga estará inspirado solamente por la caridad, esto es, por el amor.

Oración: Gracias, Señor, por ayudarme a descubrir la amistad como la mejor inversión que puedo hacer. Ahora sé que mi vida tendrá sentido para mí y para los que viven conmigo. Amén.

Pregúntate: ¿Hay algo más bello que una amistad verdadera y profunda?

SÁBADO

Hch 16:1–10
Sal 99
Jn 15:18–21

"Pero, como no son del mundo, porque yo al elegirlos los he sacado del mundo, por eso los odia el mundo".

JN 15:19

Reflexión: Un nuevo descubrimiento puede ser aprender a estar estando ausentes. La forma de transformar el mundo no es confundiéndonos con él. Nos ausentamos de las realidades terrenas que seducen pero van en contra de la naturaleza, las cuales desafortunadamente se han hecho populares en todas las civilizaciones. Dios nos consagra, nos separa del mundo para confirmar nuestra identidad como hijos suyos; como hijos suyos, amados y capacitados, por su Palabra, para regresar al mundo y transformarlo.

Propósito: Trataré a todos como seres humanos divinamente creados y amados.

Oración: Señor, las tentaciones de vender mi dignidad me acosan. Te suplico que me ilumines para recuperar el gozo de saberme tuyo, elegido y amado; con rostro propio, imagen del tuyo. Amén.

Pregúntate: ¿Será que lo que "divierte" puede comprar mi dignidad?

Sexta semana de Pascua

DOMINGO
CICLO A

———————

Hch 8:5–8, 14–17
Sal 66:1–3, 4–5, 6–7, 16, 20
1 Pe 3:15–18
Jn 14:15–21

"Pero háganlo con dulzura y respeto. Mantengan una buena conciencia, para que aquello mismo que les echen en cara, sirva de confusión a quienes critiquen su buena conducta en Cristo".

1 PE 3:16

Reflexión: Pedro, el primer papa, al pedirnos que demos razones de nuestra esperanza, nos está dando unas herramientas tan simples como sabias. Estar en paz con nuestra conciencia es esencial para poder navegar libremente por la vida. La coherencia es la credencial de la autoridad, tanto para ayudar como para corregir. Seremos mucho más significativos para los hijos o nuestros subordinados, cuando les dejemos sentir nuestra honestidad con un profundo respeto y una sencillez inteligente. Entonces, ya no habrá necesidad de imponernos con gritos o inventar historias para mendigar un poco de credibilidad.

Propósito: En mis planteamientos hacia otros seré honesto, respetuoso y sencillo.

Oración: Espíritu Santo, concédeme el don de ser menos complicado y descubrir la belleza y el poder de la sencillez y el respeto, para poder entregar la razón de mi esperanza, sin necesidad de descalificar a nadie. Amén.

Pregúntate: ¿Ser sincero justifica lastimar a otra persona?

DOMINGO
CICLO B

Hch 10:25–26, 34–35, 44–48
Sal 98:1, 2–3, 3–4
1 Jn 4:7–10
Jn 15:9–17

"Verdaderamente comprendo que Dios no hace acepción de personas, sino que en cualquier nación el que le teme y practica la justicia le es grato".

HCH 10:34

Reflexión: Los seres humanos compartimos la tentación de crear nuestros círculos y descalificar a los que no piensan igual que nosotros. Las rencillas y aun las guerras en nombre de la religión han sido lo más doloroso e inaceptable. Que este tiempo de Pascua nos recuerde que Dios no "escanea" nuestras "etiquetas", sino que explora nuestros corazones. Igual que Pedro, nos daremos cuenta de que Dios no tiene problema con nuestras diferencias. Lo que reconcilia nuestras humanas diferencias es la búsqueda sincera de la justicia, cuando esta nace de la bondad. Esto es los que agradará al Señor, sin temor a equivocarnos.

Propósito: Evitaré juicios aventurados y los cambiaré por una escucha serena y respetuosa.

Oración: Líbrame, Señor, de los sectarismos religiosos, incluso de los de mi propia comunidad. Que mi actitud a partir de hoy refleje tu justicia y tu misericordia; que apueste por la unidad. Ya no más corazones lastimados. Amén.

Pregúntate: ¿Podremos querernos, aunque pensemos distinto?

DOMINGO
CICLO C

————

Hch 15:1–2, 22–29
Sal 67:2–3, 5, 6, 8
Ap 21:10–14, 22–23
Jn 14:23–29

"Les dejo la paz, mi paz les doy; no se la doy como la da el mundo. No se turbe su corazón ni se acobarde".

JN 14:27

Reflexión: El concepto cristiano de paz no necesariamente equivale a la ausencia de violencia. La paz que viene del Señor está enraizada en el amor, el respeto y la justicia, una justicia que busca dar a cada uno lo que necesita. Solamente así podremos construir, todos los días, un estado de armonía interna y comunitaria que nos permita respetar, cuidar y amar a toda creatura. El mundo tratará de vendernos una paz que solo proteja los intereses de unos pocos. El amor por la creación y la armonía nos dará valor para no perder lo que Jesús ha puesto en nuestras manos.

Propósito: Con la sabiduría de Dios, protegeré y procuraré aliviar las necesidades de los más necesitados.

Oración: Espíritu Santo, concédeme los dones que necesito para comenzar ahora a restaurar la armonía de tu creación, a la que nuestro egoísmo ha dañado tanto. Amén.

Pregúntate: ¿Cuál es la diferencia entre la paz del mundo y la paz de Dios?

LUNES

Hch 16:11–15
Sal 149
Jn 15:26–16:4

"Les he dicho esto para que no se escandalicen. Los expulsarán de las sinagogas. E incluso llegará la hora en que todo el que los mate piense que da culto a Dios".

JN 16:1

Reflexión: Como cristianos, hemos sido precedidos por la sangre de los primeros seguidores de Jesús. Cuando la Iglesia ha sido más perseguida, es cuando más se ha fortalecido. Cuando todo vaya bien, entonces tendremos que preocuparnos. También la historia de la Iglesia nos recuerda que el poder, la riqueza y el confort nos han debilitado como pueblo y nuestra identidad de cristianos ha perdido parte de su brillo. La presencia de Jesús resucitado nos recuerda que la fe nos hace fuertes hasta el punto de poder derrotar a la misma muerte.

Propósito: Le daré la bienvenida a las dificultades, como una oportunidad para recuperar la perspectiva de mi fe en mi lucha diaria.

Oración: Señor, confieso que me da miedo jugarme la vida por aquello en lo que creo, igual que los discípulos el día de tu crucifixión. Concédeme un poco de la fe y entereza que les regalaste a los primeros mártires de tu Iglesia. Amén

Pregúntate: ¿Sería capaz de cambiar mi comodidad por una mayor audacia apostólica?

MARTES

Hch 16:22–34
Sal 137
Jn 16:5–11

"El carcelero pidió luz, entro de un salto y tembloroso se arrojó a los pies de Pablo y Silas, los sacó fuera y les dijo: 'Señores, ¿qué tengo que hacer para salvarme?'".

HCH 16:29-30

Reflexión: El miedo ha sido siempre nuestro peor consejero. Es como caminar torpemente en la oscuridad, dando tumbos y lastimando gente. El único movimiento saludable, producto del miedo, es cuando caemos y mordemos el polvo. Nuestra perspectiva cambia y podemos entonces pedir una luz que nos permite ver mucho más allá. Ya no basta estar seguros. El paso de la oscuridad a la luz, del miedo al entusiasmo, es un movimiento pascual que nos lleva a buscar la salvación. Los que permanecen en la cultura del confort y de la ambición, tendrán que conformarse a vivir con el miedo.

Propósito: Me despediré de mi cobardía y tomare la lámpara de la fe para vivir con entusiasmo el día de hoy.

Oración: Concédeme, Señor, la gracia de tener siempre hambre de salvación, es la única luz que me permite darle un sentido a mis noches y a mis días, en mi soledad y en mi trato con los demás. Amén

Pregúntate: ¿Habré descubierto ya que mientras más me distraigo con mí egoísmo, más pierdo la capacidad de ver y de vivir?

MIÉRCOLES

Hch 17:15–16.22—18:1
Sal 148
Jn 16:12–15

"Todo lo que tiene el Padre es mío. Por eso he dicho:
Recibirá de lo mío y se lo explicará a ustedes".

JN 16:15

Reflexión: La comunión no solo de bienes, sino también
de existencias entre nosotros los seres humanos, nace de
un modelo divino. Lo que crea la verdadera unidad es la
fuerza del amor que respeta y perfecciona la riqueza de
cada uno de nosotros y nos dispone a ponerla al servicio
de la riqueza del otro. La fuerza del amor no nos permite
sentirnos ni poca cosa, ni demasiado, simplemente nos
permite reconocernos favorecidos por la misericordia
de Dios. Esto hace que nos ayudemos unos a otros para
recordar que la vida es llegar a la mesa de las riquezas
donde todos tenemos algo que dar y algo que recibir. La
extrema pobreza jamás debería existir.

Propósito: Desarrollaré en mí la conciencia de que nada de lo que tengo ni de lo que soy me pertenece. Estoy en deuda permanente con los demás.

Oración: Señor, el egoísmo ha sido mi peor enemigo para reconocerme tan valioso y amado junto con los demás. Concédeme la gracia de disfrutar del amor y de la solidaridad como de bienes que provienen de ti. Amén.

Pregúntate: ¿Qué es lo que revela mi valor, lo que tengo o lo que comparto?

JUEVES

Hch 18:1–8
Sal 97
Jn 16:16–20

"En verdad, en verdad les digo que llorarán y se lamentarán, y el mundo se alegrará. Estarán tristes, pero su tristeza se convertirá en gozo".

JN 16:20

Reflexión: El verdadero amor parece ir acompañado de su respectiva dosis de dolor. El dolor no impide a una madre seguir amando a sus hijos. Lo mismo le sucede al que tiene que abrirse a una nueva forma de ver la vida, es decir, con los ojos de la fe. La incomprensión, la burla de los que sienten comprometido su bienestar por el anuncio profético del cristiano, le arrancarán más de una lágrima. Esto es así porque el cristiano proclama con su vida y con sus actitudes una nueva forma de hacer historia, de relacionarse, de denunciar la injusticia. Pero tener un sentido de la vida claro provocará un profundo gozo que durará por toda la eternidad.

Propósito: Reconsideraré todos los eventos de mi jornada diaria con los poderosos ojos de la fe.

Oración: Puedo ver tu angustia en el Huerto de los Olivos. Que alguna vez mis lágrimas de rabia, de desaliento o de desencanto, se mezclen con las tuyas hasta poder ver la luz del alba de la resurrección. Amén.

Pregúntate: ¿En verdad me llena "seguir la corriente" solo por evitar la incomodidad de practicar lo que creo?

VIERNES

Hch 18:9–18
Sal 46
Jn 16:20–23

"El Señor dijo a Pablo durante la noche en una visión: 'No tengas miedo, sigue hablando y no te calles; porque yo estoy contigo y nadie te atacará para hacerte mal'".

HCH 18:9-10

Reflexión: La terrible inseguridad que nos paraliza para dar testimonio de aquello en lo que creemos y vivimos, nace de la confusión al creer que nuestra tarea es corregir constantemente a los demás. Podemos cometer muchos errores "en nombre de la Iglesia". No es nuestra imagen, ni tampoco la recompensa es nuestra; es el Señor que nos pide que disminuyamos para que él crezca, que renunciemos a nuestros discursos para que él hable. Habremos de crecer en la esperanza y en la convicción de que, cuando nos hacemos a un lado, Dios usa nuestra persona para hacerse presente de la manera más inesperada. No son nuestros puntos de vista lo que importa, simplemente hay que dejar a Dios hablar por nuestra boca, sin miedo. El estará a nuestro lado.

Propósito: Me propondré gozar que la voluntad de Dios se haga en mí.

Oración: He de confesarte, Señor, que sigo buscando los aplausos y me siguen lastimando los rechazos. Ayúdame a entender que el mayor gozo es la certeza de que tu voluntad se está haciendo en mí y en todos los que me rodean. Amén.

Pregúntate: ¿Cuando sirvo en nombre de Jesús, él actúa en mí o solo busco un reconocimiento?

SÁBADO

Hch 18:23–28
Sal 46
Jn 16:1–18

"En verdad, en verdad: lo que pidan al Padre se lo dará en mi nombre".

JN 16:23

Reflexión: Si cada una de las acciones de las veinticuatro horas de nuestro día las hiciéramos en nombre de Jesús, nuestra vida sería radicalmente distinta. Estamos acostumbrados a hacer las cosas a nombre personal, a nombre de las instituciones o a nombre de nadie. Simplemente dejamos pasar las horas. Pedir al Padre, en nombre de Jesús, significa pedir de acuerdo con la perspectiva de Jesús, como Jesús nos lo ha enseñado. El paradigma del Reino de Dios nos da luz para descubrir qué es lo que él pediría al Padre, estando "en nuestros zapatos". Qué hermosa y poderosa sería nuestra oración. Estaría muy lejos de asemejarse a una lista de compras para ser surtida en el supermercado.

Propósito: Formaré el hábito de hacer una breve pausa e iniciar cada tarea en nombre de Jesús.

Oración: Padre, hoy aprendo que tengo que dejar mis intereses personales a un lado y poner los tuyos al centro de mi vida, como nos lo ha enseñado tu hijo Jesús. Concédeme la misma pasión que tuvo él por hacer siempre tu voluntad. Amén.

Pregúntate: ¿Si Jesús estuviese en mi situación, cómo haría su oración?

Ascensión del Señor
Séptima semana de Pascua

Hch 1:15–17.20–26
Sal 102
1 Jn 4:11–16
Jn 17:11–19

"Como ellos estuvieran mirando fijamente al cielo mientras él se iba, se les presentaron de pronto dos hombres vestidos de blanco que les dijeron: 'Galileos, ¿por qué permanecen mirando al cielo?'".

HCH 1:10–11

Reflexión: Es tiempo de ponerse en camino, para los discípulos y para nosotros mismos. Es Jesús quien paradójicamente sube a los cielos, pero se queda entre y dentro de nosotros. Esta presencia nueva del Maestro nos reta a construir el Reino, es decir, a crear nuevos caminos, a diseñar nuevas formas de vivir, a cambiar la escala de valores y descubrir que el poder está en los que sirven; que a los enemigos se les destruye amándolos. No podemos quedarnos mirando al cielo. Es hora de construir el cielo en la tierra.

Propósito: A mi rutina diaria le daré el toque del gozo, recreando un trozo de cielo en mi pequeño territorio.

Oración: Señor, enséñame cómo aprender a estar presente en este mundo, reinventando mi rutina, haciendo a un lado mis miedos, confiando únicamente en la fuerza de tu Palabra. Amén.

Pregúntate: ¿Me quedo atorado en la nostalgia o me atrevo a vivir de otra manera?

LUNES

———

Hch 19:1–8
Sal 67
Jn 16:29–33

"Pablo atravesó las regiones altas y llegó a Éfeso y encontró algunos discípulos; les preguntó: '¿Recibieron el Espíritu Santo cuando abrazaron la fe?' Ellos contestaron: 'Pero si nosotros no hemos oído siquiera que haya Espíritu Santo'".

HCH 19:1–2

Reflexión: Puede ser muy desafortunado que aun nosotros, que hemos sido bautizados y recibido sacramentalmente al Espíritu Santo, vivamos inspirados por otras realidades socioculturales y con frecuencia ignoremos la presencia del Espíritu en nuestras decisiones, en nuestras opiniones, incluso en nuestra vida religiosa. Actuar a título personal puede parecer a primera vista muy cómodo, pero a la larga los resultados son frustrantes y el cansancio no tiene sentido. Invocar al Espíritu Santo es aceptar sus dones, los cuales, combinados con nuestra humilde apertura, nos vuelven parte del misterio y de la fascinante aventura de la fe y de la construcción del Reino, donde el Espíritu jamás dejará de sorprendernos y más aún, transformará nuestras vidas.

Propósito: Cualquiera de mis decisiones y cualquier opinión, antes de salir de mi boca, la consultaré con el Espíritu Santo, dispuesto a dejarme sorprender.

Oración: Espíritu de Dios, más que pedirte una disculpa por haberte ignorado, soy yo el que ha perdido la oportunidad de tenerte a mi lado y en mi interior como el mejor consejero. Dame la sabiduría para estar contigo el resto de mi vida. Amén.

Pregúntate: ¿Me he dado cuenta de que en mis oraciones invoco al Padre y al Hijo, y he dejado fuera al Espíritu Santo?

MARTES

_____

Hch 20:17–27
Sal 67
Jn 17:1–11

"Pero yo no considero mi vida digna de estima, con tal que lleve a término mi carrera y el ministerio que he recibido del Señor Jesús: dar testimonio del Evangelio de la gracia de Dios".

HCH 20:24

Reflexión: El fin de la carrera es un importante punto de referencia para Pablo, pero también para cada uno de nosotros, pues nos permite darles una dirección a nuestras vidas. La tarea es anunciar el Evangelio de la gracia, que es otro punto de referencia para navegar en el mar de nuestra existencia. Nuestro aprendizaje aquí es doble: que no viviremos en este planeta por toda la eternidad y que es una falacia pretender que podemos adquirir muchas cosas para poseerlas siempre. ¿Por qué? Porque todo es gracia, porque todo lo recibimos gratuitamente de la Providencia, la cual es una imagen de Dios como familia, alguien generoso y dispuesto a darnos, no necesariamente lo que queremos, pero sí lo que necesitamos. Despertemos, no sea que nos estanquemos en este mundo y sigamos corriendo, cargados de cosas y sin sentido, moviéndonos torpemente en la dirección equivocada.

Propósito: Aprenderé de las aves del cielo a vivir libre, dependiendo responsablemente de la Providencia de Dios.

Oración: Dios uno y trino, líbrame de mis apegos. Amén.

Pregúntate: ¿Qué tan libre me siento con todo lo que he almacenado?

MIÉRCOLES

Hch 20:28–38
Sal 67
Jn 17:11–19

"Tenga cuidado de ustedes y de toda la grey, en medio de la cual les ha puesto el Espíritu Santo como vigilantes para pastorear la Iglesia de Dios, que él se adquirió con la sangre de su propio hijo".

Hch 20:28

Reflexión: Todos nosotros, de una manera u otra, tenemos a otras personas bajo nuestra responsabilidad. Esto sucede incluso entre los hermanos mayores respecto de los menores o los alumnos de los cursos superiores en relación con los inferiores. Todos, de alguna u otra forma, tenemos que ver con esta tarea divina de ser pastores y apacentar a otros. Hoy día se habla de "facilitar". Vamos a necesitar tomar la máscara de oxígeno, como en los aviones comerciales, para oxigenarnos primero a nosotros mismos y así poder atender a quien nos necesite. Lo bueno es que esta tarea nos viene directamente del Espíritu Santo. Habrá que imaginarlo a él con nuestro rostro y nuestra vestimenta diaria, y descubrir cómo atender a esta Iglesia que Dios adquirió con la sangre de su Hijo. No importa si es solo por un breve momento: basta con que sea alguien que necesite un trocito de nosotros mismos.

Propósito: Me prestaré a ayudar con responsabilidad a quienquiera que esté a mi cargo. Esa es la tarea que Dios ha puesto en mis manos.

Oración: Me resulta increíble, Señor, que corras el riesgo de poner tu tarea de pastor en mis torpes manos. Libérame de todo egoísmo para poder gozar del privilegio de servir en tu Nombre. Amén

Pregúntate: ¿Me queda claro que atender a quienes dependen de mí, no es un oficio, sino un privilegio divino?

JUEVES

Hch 22:30;23:6–11
Sal 15
Jn 17:20–26

"A la noche siguiente se le presentó el Señor y le dijo: '¡Ánimo!, pues como has dado testimonio de mí en Jerusalén, así debes darlo también en Roma'".

HCH 23:11

Reflexión: Creer en Jesús no significa esgrimir argumentos abstractos desde la biblioteca. Significa "bajar la guardia" y permitir que Jesús él dé forma a nuestras actitudes y a nuestra vida, para dar testimonio. Las raíces etimológicas de esta palabra son fuertes. Los mártires la han entendido bien. Estamos hablando de agallas, de fuerza. Dar testimonio no significa hacerlo exactamente donde queremos, sino allí donde el Señor nos coloca. Habrá razones muy importantes para dar testimonio ahí donde nos encontramos. Y ahí, en nuestro entorno cotidiano, en medio de nuestras actividades ordinarias, habrá que seguir dejando a Dios que dé forma a nuestra vida y nos fortalezca. Así podrá actuar por medio de nosotros.

Propósito: Hablaré menos y dejaré que mi actitud y mis acciones hablen del Señor.

Oración: Libérame de la imagen de una religiosidad estéril, hecha solo de rezos y devociones personales. Aumenta en mí la fuerza para gritar con mi vida que tú nos amas y que no hay razón para seguir arrastrando nuestras miserias. Amén.

Pregúntate: ¿Sera suficiente con cargar mi crucifijo y mi rosario alrededor del cuello?

VIERNES

Hch 25:13–21
Sal 102
Jn 21:15–19

"En verdad, en verdad te digo: cuando eras joven, tú mismo te ceñías, e ibas adonde querías; pero cuando llegues a viejo, extenderás tus manos y otro te ceñirá y te llevará adonde tú no quieras".

JN 21:18

Reflexión: La autosuficiencia nos puede entorpecer la noción de que los seres humanos somos interdependientes. La ancianidad y la muerte nos hacen tocar dos extremos de la vida humana: la dependencia y el fin, que obligadamente nos hacen redefinir nuestras actitudes. Habrá ancianos felices con su historia y con su presente; habrá otros que tendrán que tocar el abandono y el sinsentido. Solo Jesús pudo anticipar el tipo de muerte de Pedro. ¿Qué pasaría si cada uno de nosotros fuera anticipando su fin, viviendo su presente practicando la solidaridad, especialmente con aquellos a los que no les queda otra opción más que levantar las manos y entregar su voluntad al arbitrio de otros?

Propósito: Empezaré a vivir mi solidaridad con las personas más vulnerables, especialmente los ancianos.

Oración: Padre, ayúdame a levantar mis manos para ayudar a quien no puede seguir adelante. Que el día en que yo no pueda más, alguna mano hermana me permita sentir la tuya, ahí, en el ocaso de mi existencia. Amén.

Pregúntate: ¿Valoro la sabiduría y la ternura de los viejos?

SÁBADO

Hch 28:16–20.30–31
Sal 10
Jn 21:20–25

"Pablo permaneció dos años enteros en una casa que había alquilado y recibía a todos los que acudían a él; predicaba el Reino de Dios y enseñaba lo referente al Señor Jesucristo con toda valentía, sin estorbo alguno".

HCH 28:30–31

Reflexión: Las cadenas físicas habían confirmado, en Pablo, su valor y libertad interior. No podremos disfrutar un trozo de pan, si no hemos sido víctimas del hambre. Tal parece que el mejor gimnasio para adiestrarnos en las artes de la libertad, la fortaleza y la valentía es la dificultad, la tragedia, las expectativas rotas. Solo quien ha sufrido podrá hablar de humildad y de esperanza. Si nosotros o nuestros hijos estamos siempre rodeados de comodidad y confort, no sabremos qué hacer en el momento de un accidente o cuando nos encontremos en la sala de espera de un hospital o de regreso del cementerio. También el dolor y la desgracia tienen su propia sabiduría para fortalecernos. Que la muerte no nos sorprenda, pues ya podemos vivir la experiencia del que murió y ha resucitado.

Propósito: Me entrenaré en mis pequeñas frustraciones para adquirir fortaleza y serenidad.

Oración: Señor de vivos, dame la gracia de poder vislumbrar la luz del sol por encima de la tormenta. Que en el momento de la dificultad pueda descubrir en la cruz de Jesús el misterio de tu profundo amor en medio de tanto dolor. Amén.

Pregúntate: ¿Es posible darle sentido a la dificultad?

Pentecostés
(último domingo de Pascua)

Gn 11:1–9
Sal 103
Rom 8:22–27
Jn 7:37–39

"De repente vino del cielo un ruido como una impetuosa ráfaga de viento, que llenó toda la casa en que se encontraban. Se les aparecieron unas lenguas como de fuego que se repartieron y posaron sobre cada uno de ellos; se llenaron todos de Espíritu Santo".

HCH 2:2–4

Reflexión: Es maravilloso cómo llega el Espíritu Santo, justamente cuando creemos que todo lo llevamos en orden, que todo lo sabemos, que probablemente nos sentimos un poco más religiosos que los demás... Entonces "sopla un viento fuerte" que echa al suelo nuestros argumentos, nuestros libros, nuestras ideas ordenadas. Nada queda como antes. El fuego del Espíritu no tiene consideración con nada. Es fascinante cómo el Espíritu de Dios nos deja desnudos de tanta pretensión y nos obliga a volver a empezar. Nos deja con las manos vacías, pero él se queda en nuestro interior. Las cosas ya no serán a nuestro modo.

Propósito: Seré un poco más creativo para practicar la caridad con los demás.

Oración: Espíritu Santo, cómo anhelo que esas brasas vuelvan a despertar tu presencia en mi interior y me atreva nuevamente a colaborar contigo en la aventura de un mundo nuevo, imprimiendo tu sello de fuego y llenando mi vida espiritual de asombro.

Pregúntate: ¿Podemos atrapar al Espíritu Santo en nuestros conceptos piadosos?

Biografía

El P. J. Eduardo González es originario del estado de Puebla, México y fue ordenado sacerdote el 28 de marzo de 1981 en la Basílica de Nuestra Señora de Guadalupe en la Ciudad de México. Ha dedicado su vida a los ministerios educativo-pastorales como director de escuelas católicas en México. Colaboró en la formación permanente de los sacerdotes y religiosos de las dos provincias de la congregación salesiana en México. Por 8 años fue el presentador de los programas de radio,: "Sintonía","El oficio de vivir", y "Aprendiendo a vivir", en las estaciones KRVA, KESS, KINF de AM en la el área de Dallas–Fort Worth.

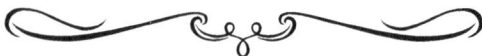

Otros títulos del
P. J. Eduardo González

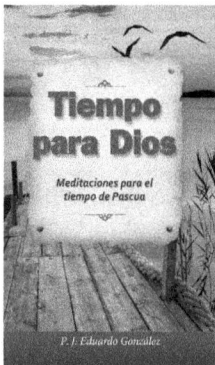

Tiempo para Dios
*Meditaciones para el tiempo
de Pascua*
Es necesario emplear a fondo todas
nuestras facultades, pero especialmente
la imaginación para lograr experimentar,
aunque solo sea un poco el gozo y la
emoción que debieron haber envuelto
a la resurrección de Jesus. Y será
también gracias a la imaginación que
encontraremos la manera adecuada de
entender lo que significa ser cristiano hoy y
cómo llevarlo a la práctica

160–páginas cubierta rústica – 4⅛ x 7
9780764–823909

Tiempo para Dios
*Meditaciones para el tiempo de
Adviento y Navidad*
En el Adviento y en la Navidad nos
ponemos en contacto con Jesús de
Nazaret, quien supo de movimiento y de
caminos aun desde antes de nacer. Lo
vemos en el seno de su madre rumbo hacia
Belén, luego, como bebé, huyendo a Egipto.
Estas páginas son una fraterna invitación a
dejar que el Señor del tiempo toque nuestra
jornada diaria, ponga su mano en nuestra
historia, para que entonces, nuestro tiempo
sea divino y humano. Se convierta en...
tiempo para Dios.

128–páginas cubierta rústica – 4⅛ x 7
9780764–823862